écho

méthode de français **1**

A1
A2

FICHIER D'ÉVALUATION

J. GIRARDET
C. GIBBE

■ Ce livret permet d'évaluer les compétences acquises avec le premier niveau de la méthode *ÉCHO*. Il comporte :
– 16 fiches d'évaluation de deux pages correspondant aux 16 leçons du livre de l'élève ;
– les transcriptions des documents sonores, les corrigés des épreuves ainsi que des conseils pour leur passation et pour leur notation ;
– un CD audio contenant des documents sonores pour la compréhension orale.

■ Chaque fiche est photocopiable sur le recto et le verso d'une feuille de papier. Elle compte cinq parties :
• **ÉCOUTER** : test de compréhension orale à faire avec le CD audio ;
• **LIRE** : évaluation de la compréhension des écrits ;
• **ÉCRIRE** : test d'expression écrite ;
• **SITUATIONS ORALES** : évaluation de la maîtrise des moyens linguistiques qui permettent de faire face à des situations d'interactions orales. Cette évaluation se fait par un test écrit mais lorsque les conditions le permettent, elle peut prendre la forme d'un test oral : dialogue avec l'enseignant ou entre deux étudiants ;
• **CONNAISSANCE ET CORRECTION DE LA LANGUE** : vérification de la morphologie et de la syntaxe.

■ La durée de passation d'une fiche est d'environ 60 minutes.
L'enseignant pourra organiser une évaluation soit à la fin de chaque leçon, soit toutes les deux leçons, soit à la fin de chaque unité (en sélectionnant les tests qui lui paraissent les plus pertinents).

CLE
INTERNATIONAL

www.cle-inter.com

Leçon 1

#1

▶ ☉ ÉCOUTER

Comprendre des noms de lieux

1 Un ami français vous montre sa ville. À quelle image correspond chaque phrase ?

a. _____ **b.** _____ **c.** _____ **d.** _____ **e.** _____

f. _____ **g.** _____ **h.** _____ **i.** _____ **j.** _____

Comprendre des questions sur son identité

#2

 2 La secrétaire pose des questions à l'étudiant. Trouvez la réponse à chaque question.

_____ 3 rue Victor-Hugo.   _____ Oui, je comprends l'anglais, l'espagnol et l'italien.

_____ Non, italien.   _____ Non, pas très bien.

_____ Marco.

▶ LIRE

Comprendre des panneaux et des enseignes

3 Reliez. Où peut-on trouver :

a. des acteurs   **g.** des étudiantes
b. l'avenue Georges-V **h.** des gâteaux
c. une bibliothèque   **i.** des professeurs
d. le boulevard Pasteur **j.** la rue de la Paix
e. une comédie   **k.** un bon steak
f. des croissants

THÉÂTRE DES CHAMPS-ÉLYSÉES

....

Café-Restaurant   UNIVERSITÉ DE LYON

....

PLAN de PARIS

....

▶ ÉCRIRE

Remplir une fiche de renseignements

4 Complétez la fiche ci-contre.

FICHE DE L'ÉTUDIANT

Établissement (école, centre culturel, université, etc.) :

_____

Classe ou niveau : _____

Nom : _____

Prénom : _____

Adresse : _____

_____

Téléphone : _____

Nationalité : _____

5 Faites correspondre les phrases et les dessins. Retrouvez le dialogue entre les personnages.

- Au revoir !   • Excuse-moi.   • Je suis désolé.   • À bientôt !
- Bonjour.   • Oui, bien sûr.   • Je peux ?   • Merci.

La conjugaison des verbes

6 Mettez les verbes à la forme qui convient.

À la cafétéria du stage « Musique et Danse »

a. Voici Marie. Elle (*être*) _____ italienne.

b. Elle ne (*comprendre*) _____ pas le français.

c. Elle (*parler*) _____ anglais.

d. Moi, je (*être*) _____ français.

e. Et toi, tu (*être*) _____ français aussi ?

Répondre à des questions

7 Répondez aux questions.

a. Vous êtes français ? _____

b. Vous parlez bien français ? _____

c. Vous comprenez l'anglais ? _____

d. Vous connaissez Paris ? _____

e. Vous habitez où ? _____

Leçon 2

Nom : _____

Prénom : _____

Observations : _____

▶ ☺ ÉCOUTER

Comprendre des instructions

1 Un professeur parle. Faites correspondre ce qu'il dit avec le dessin.

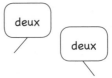

a. _____ b. _____ c. _____ d. _____ e. _____

je _____ étranger

f. _____ g. _____ h. _____ i. _____ j. _____

▶ LIRE

Comprendre des informations sur une personne

2 Lisez l'article et complétez les informations sur le nouveau directeur de l'Institut international des langues.

Nom : _____   Prénom : _____

Lieu de naissance : _____

Études : _____

Langues parlées : _____

Profession : _____   Lieu de travail : _____

Expérience professionnelle : _____

_____

_____

Goûts et autres activités : _____

_____

_____

Nouveau directeur à l'Institut international des langues de Paris

Il est français mais il est né à Milan et il parle l'italien comme sa langue maternelle. Il connaît aussi l'espagnol, l'anglais et le japonais. Pierre Boucher est le nouveau directeur de l'IILP (Institut international des langues de Paris).

Diplômé de l'école des traducteurs de Lille, ancien professeur au Centre culturel français de Rome, ancien directeur de la Maison française d'Oxford, M. Boucher est un homme dynamique et un grand professionnel.

Curieux de tout, il est passionné de musique classique, de photo et de football. Il aime aussi les bons restaurants et les bons vins.

Il est célèbre pour ses deux romans : *Festival à Bougival* et *On connaît la musique*.

Parler d'une ville

3 Présentez votre ville en répondant aux questions.

J'habite _____

_____

> Vous habitez quelle ville ?
> C'est où ?
> C'est une grande
> ou une petite ville ?
> Il y a combien d'habitants ?
> Il y a des choses intéressantes
> dans votre ville ?
> Un musée, un parc, etc. ?

_____

_____

_____

_____

_____

Identifier, présenter une personne ou une chose

4 Imaginez les deux dialogues.

Le garçon : _____ ?

La fille : C'est Anna. _____ .

Le garçon : _____ ?

La fille : _____ .

L'homme : _____ ?

La femme : Non, c'est _____ .

Utiliser les articles

5 Entourez le bon article.

• Vous connaissez | une | la | le | ville de Rouen ?

– Oui, c'est | un | une | la | belle ville. J'aime beaucoup | un | le | la | cathédrale et | le | la | un | centre de la ville.

• Vous connaissez | des | les | le | restaurants à Rouen ?

– Oui, je connais | un | le | des | restaurant « La Couronne ».

Accorder les mots de la phrase

6 Conjuguez et accordez les mots entre parenthèses.

Pierre a une (*ami*) _____ . Elle (*s'appeler*) _____ Maria.

Elle est (*espagnol*) _____ . Elle (*avoir*) _____ 20 ans.

Pierre et Maria (*habiter*) _____ à Lyon. Ils (*être*) _____ (*étudiant*) _____

à l'université.

Maria a beaucoup de (*copain*) (*espagnol*) _____ à l'université.

Tous (*apprendre*) _____ le français.

Leçon 3

≠ 4

▶ ⊙ ÉCOUTER

Comprendre les goûts et les intérêts de quelqu'un

1 On interroge trois étudiants sur leurs loisirs après les cours. Notez ces activités dans le tableau.

	Sports pratiqués	Sorties	Loisirs à la maison
Cédric			
Justine			
Olivier			

▶ LIRE

Comprendre des annonces d'activités de loisirs

2 Lisez le document. Proposez des activités aux dix personnes suivantes.

a. Je voudrais faire du sport. _____

b. J'aime la musique classique. _____

c. On va voir une exposition. _____

d. J'ai envie de sortir ce soir. _____

e. J'adore l'Espagne. _____

f. Qu'est-ce qu'il y a comme spectacles ? _____

g. Qu'est-ce qu'on peut faire avec les enfants ? _____

h. Je suis passionné de photo. _____

i. Est-ce qu'on joue une pièce de théâtre ? _____

j. Je voudrais sortir dans la journée, pas le soir. _____

① **Orchestre national de Montpellier**
Debussy - Rachmaninov - Berlioz
28 juillet à 20h30
Montpellier – Opéra Berlioz

④ **UZÈS**
MUSÉE DU BONBON
Ouvert tous les jours
de 10 h à 19 h

② **Le Perthus**
FÊTE DE LA RANDONNÉE
Fort de Bellegarde
7 h - 17 h
Ouvert à tous

⑤ Bagnols-sur-Cèze
LE MÉDECIN MALGRÉ LUI
de Molière
Théâtre de Verdure 21 h 30

③ **ARLES**
Rencontres internationales
de photographie
LUCIEN CLERGUES
Espace Van Gogh
De 10 h à 18 h

⑥ **ARTE FLAMENCO**
Chants et danses
Théâtre de l'Étincelle
21 h
à **AVIGNON**

Parler de ses goûts et de ses intérêts

3 Complétez la partie « Loisirs » du questionnaire de l'association « J'aime ma ville ».

Quelles sont vos activités de loisirs préférées (sports, sorties, etc.) ?

....

....

....

....

....

Association **J'AIME MA VILLE**

Formulaire d'inscription

Nom : ....

Prénom : ....

Quelles sont vos activités de loisirs préférées ?

Inviter quelqu'un. Répondre à une invitation

4 Lucas propose à Charlotte d'aller passer un week-end à Val-d'Isère. Charlotte refuse. Observez les documents.
Imaginez un dialogue.

WEEK-END à Val-d'Isère
150 €
2 et 3 février

Palais des Sports
Porte de Versailles
2 février à 20 h 30
NOTRE-DAME DE PARIS
Comédie musicale

....

....

....

....

....

....

....

Conjuguer les verbes

5 Mettez les verbes entre parenthèses à la forme qui convient.

• Qu'est-ce vous (*faire*) .... ce week-end ? Vous (*aller*) .... faire du ski ?

– Non, nous (*rester*) .... à Paris. Pierre (*devoir*) .... travailler samedi.

Moi aussi, j' (*avoir*) .... du travail. Dimanche, je (*aller*) .... au théâtre et Pierre

(*faire*) .... du vélo.

• Et les enfants, qu'est-ce qu'ils (*faire*) .... ?

– Ils (*aller*) .... chez des amis à la campagne. Ils (*avoir*) .... quatre jours

de vacances.

Utiliser les pronoms

6 Complétez avec *moi, toi, lui, elle*, etc.

Mélissa : Noémie et .... , nous allons au cinéma. Tu viens avec .... ?

Lucas : Je ne peux pas. Des copains vont à une soirée chez des Italiens. Je vais avec ....

Mélissa : Alors on va au cinéma sans ....

Lucas : Demande à Florent. .... , il ne vient pas à la soirée.

Leçon 4

▶ ⊙ ÉCOUTER

Comprendre des indications de temps

1 Pierre interroge Marie sur l'emploi du temps de son week-end. Complétez l'agenda de Marie.

Samedi 27 juin		Dimanche 28 juin
8 : _____		8 : _____
9 : _____		9 : _____
10 : _____		10 : _____
11 : _____		11 : _____
12 : _____		12 : _____
13 : _____		13 : _____
14 : _____		14 : _____
15 : _____		15 : _____
16 : _____		16 : _____
17 : _____		17 : _____
18 : _____		18 : _____
19 : _____		19 : _____
20 : _____		20 : _____

▶ LIRE

Comprendre des informations biographiques

2 Remettez dans l'ordre les moments de la biographie de Karl Lagerfeld.

(1) _____ (2) _____ (3) _____ (4) _____ (5) _____ (6) _____ (7) _____

a. En 1963, Karl Lagerfeld est rentré en France.
Il a travaillé pour la marque Chloé.

b. Il est arrivé en France à l'âge de 14 ans.

c. Karl Lagerfeld est né à Hambourg, en Allemagne,
le 10 septembre 1938.

d. Aujourd'hui, il a quitté Chanel. Il dessine la collection
de l'Italien Fendi.

e. Très jeune, il a travaillé chez les stylistes Jean Patou
et Pierre Balmain.

f. Puis il est parti travailler en Allemagne et au Japon.

g. Vingt ans après, il est entré dans la célèbre maison
de couture Chanel.

Répondez.

Karl Lagerfeld est né en quelle année ? _____

Quand est-ce qu'il est venu en France ? _____

Où est-ce qu'il a commencé à travailler ? _____

Est-ce qu'il a travaillé à l'étranger ? _____

Où est-ce qu'il travaille maintenant ? _____

Donner des renseignements sur sa biographie

3 Vous vous présentez sur un site Internet. Écrivez les premières lignes de votre présentation.
Donnez les indications suivantes.

> – Quand et où vous êtes né(e) ?
> – Quelle(s) ville(s), quelle(s) région(s) vous avez habitée(s) ?
> – Où avez-vous fait vos études ?
> – Est-ce que vous avez travaillé ? Où ?
> – Quelles langues vous avez apprises ?

Raconter une journée

4 Mélanie est animatrice à Radio France Lyon.
Elle est allée à Paris voir le directeur général.
Le soir, elle raconte sa journée à son ami Pierre.
Lisez l'emploi du temps et imaginez le dialogue.

Journée à Paris
7 h : départ de Lyon
9 h : arrivée à Paris
10 h - 12 h : travail avec le directeur
13 h : déjeuner avec François Desnoyer
Après-midi : visite du musée du quai Branly
18h30 : retour

Pierre : Alors, qu'est-ce que tu as fait aujourd'hui ?
Mélanie : _____

Pierre : _____
Mélanie : _____

Dire la date et l'heure

5 Écrivez en lettres.

07 / 12 / 2008 : _____

21 / 03 / 2008 : _____

15 / 06 / 2008 : _____

7h15 : _____   8h40 : _____

Donner une information de temps

6 Faites une phrase pour donner des informations.

a. Arrivée de Pierre. Demain à 10h30 → Pierre arrive demain à dix heures et demie.

b. Naissance de Victor Hugo : 1802 → _____

c. Dîner chez Patrick mardi prochain → _____

d. Week-end à Paris (la semaine dernière) → _____

e. Départ pour Mexico. Demain à 17 h → _____

f. Vacances au Portugal : l'an dernier en août → _____

Leçon 5

Nom : .... Prénom : ....

Observations : ....

46

Comprendre des renseignements au cours d'un voyage

1 Pour chaque scène, trouvez le lieu et notez l'information.

Le lieu	L'information
... À la gare	... son ... voiture en 1h30 Ils auront son
... À l'agence Air France	Le TGV partirais de l'isle d'europe a Marseilles a 9h45
... Au musée	Le musée et fermer
... Au guichet de la salle de concert	Il reste du place a vent sang heure
... À l'aéroport	L'avion finis a New York immediament

Comprendre des informations sur les voyages

2 Lisez les quatre propositions d'une agence de voyages. Quelle(s) proposition(s) peut-on faire à ces personnes ?

a. Je veux partir très loin. ....

b. J'ai envie de faire du sport. ....

c. Je veux juste partir deux ou trois jours. ....

d. Je veux faire un voyage culturel. ....

e. Je veux faire des activités artistiques. ....

f. Je veux partir en France. ....

g. J'ai envie d'aventures. ....

h. Je veux un voyage pas cher. ....

i. Je veux rencontrer des gens. ....

j. J'ai envie d'être tranquille et de me détendre. ....

Alpha Voyages

Nos promotions • Nos promotions • Nos promotions • Nos promotions • Nos promotions • Nos promo

❶

Antilles – La Martinique

- Séjour à l'hôtel Malouba.
- Découverte du nord de l'île et de la montagne Pelée – Randonnée en forêt – Plages
- Visite des anciennes habitations de Saint-Pierre
- Piscine – Thalasso – Restaurant créole

➜ 600 € (séjour + vol AR)

❸

Week-end en Poitou-Charentes

- La vieille ville de La Rochelle – L'île de Ré
- Le charme du Marais poitevin
- Départ vendredi 20 h – Retour dimanche 20 h

➜ Tout compris : 300 €

❷

Randonnée – Trekking en Turquie

- Découverte à pied de la mystérieuse région de Cappadoce, de ses paysages et de ses villages pittoresques.
- Hébergement chez l'habitant
- 4 à 5 heures de marche par jour
- Visite d'Istanbul

➜ Vol AR + séjour : 700 €

❹

Stage de peinture (tous niveaux)

- À Vauvenargues, près d'Aix-en-Provence
- Dans les paysages de Cézanne et de Matisse...

➜ La semaine : 500 €

Faire une réservation, confirmer, annuler

3 a. Vous avez décidé de faire un des voyages proposés par Alpha Voyages. Vous envoyez un message pour réserver. Indiquez votre choix, la date, le nombre de personnes.

_____
_____
_____
_____

b. Une semaine avant le départ, vous devez annuler votre voyage. Envoyez un message.

_____
_____
_____
_____

Comparer des propositions

4 Avec votre ami(e), vous voulez partir en vacances avec Alpha Voyages. Mais vous n'êtes pas d'accord sur la destination. Que dites-vous pour convaincre votre ami(e) ? (Faites cinq phrases.)

« Je préfère _____
_____
_____
_____
_____

Employer les déterminants (adjectifs démonstratifs et possessifs)

5 Complétez avec un démonstratif (ce...) ou un possessif (mon, son...).

Une femme montre à ses enfants le village où elle est née.

« Regardez, je suis née dans _____ village.

Dans _____ rues, j'ai joué avec _____ copines.

J'ai étudié dans _____ école avec Monsieur Dumas, _____ professeur.

_____ père et _____ mère ont travaillé dans _____ hôtel.

Et voici _____ maison et _____ jardin. »

Faire des comparaisons

6 Complétez ces comparaisons.

Vols au départ de Paris		
	distances	prix
Paris-Athènes	2 100 km	220 €
Paris-Londres	340 km	150 €
Paris-Séville	1 400 km	140 €
Paris-Varsovie	1 400 km	250 €

a. Athènes est à 2 100 km de Paris. Varsovie est _____ loin.

b. Londres est _____ près de Paris que de Varsovie.

c. Varsovie et Séville sont _____ loin de Paris.

d. Le vol Paris-Séville n'est pas cher. Le vol Paris-Varsovie est _____ cher.

e. 140 €, c'est le _____ prix.

Leçon 6

Nom : _____   Prénom : _____

Observations : _____

▶ ☉ ÉCOUTER

Comprendre des noms d'aliments

1 Marie et Paul vont aller au supermarché. Ils font la liste des courses. Notez ce qu'ils doivent acheter selon les rayons du supermarché.

Viandes et poissons : _____

Légumes : _____

Fromages et lait : _____

Fruits : _____

Pain, pâtisseries, glace : _____

Boissons : _____

▶ LIRE

Lire des menus

2 Choisissez des plats pour les personnes suivantes.

(1) En entrée, je prends des crudités. _____

(2) Moi, je vais prendre de la charcuterie. _____

(3) Je voudrais un plat avec des œufs. _____

(4) Comme plat principal, je vais prendre de la viande. _____

(5) Moi, je prends du poisson. _____

(6) Je ne bois pas d'alcool. _____

(7) On commande un vin de la région. _____

(8) Au dessert, je vais prendre une pâtisserie. _____

(9) Est-ce qu'ils ont des fruits pour le dessert ? _____

(10) Qu'est-ce qu'on boit pour fêter ton nouveau travail ? _____

a. Banane flambée
b. Bière
c. Champagne
d. Côtelettes d'agneau
e. Crème brûlée
f. Crêpes au sucre
g. Eaux minérales
h. Fromages variés
i. Jus de pomme
j. Melon au porto
k. Omelette aux champignons
l. Pavé de bœuf grillé
m. Poulet haricots verts
n. Salade de fruits
o. Salade verte
p. Saucisson de montagne
q. Saumon grillé
r. Tarte aux fraises
s. Tomates et olives noires
t. Vin de pays

▶ ÉCRIRE

Rédiger un message d'invitation

3 Vous organisez une fête. Vous envoyez un message d'invitation à des amis.
Rédigez ce message. Indiquez :
– pourquoi vous organisez une fête, quand et où ;   – quel type de fête. Qu'est-ce qu'on va faire, manger, boire, etc. ?

_____

_____

_____

Commander un repas

4 Vous déjeunez avec un(e) ami(e) dans un restaurant. Que dites-vous dans les situations suivantes ?

a. Au téléphone quand vous réservez la table : _____

b. Au serveur quand vous arrivez : _____

c. Au serveur quand vous ne comprenez pas le nom d'un plat sur le menu : _____

d. Au serveur quand vous avez choisi vos plats : _____

e. À la fin du repas : _____

Employer les articles (définis, indéfinis, partitifs)

5 Choisissez le bon article.

Le week-end dernier, je suis allé | à la | à une | montagne avec | l' | une | amie.

Nous avons fait | le | du | ski.

Le soir, nous avons dîné dans | un | le | restaurant.

Nous avons pris une raclette. C'est | un | du | plat avec | le | du | fromage chaud, | de la | du | charcuterie et | de la | la | salade verte.

J'ai bu | le | du | vin. Mon amie a bu | une | la | bière.

Interroger. Répondre

6 Posez les questions sous une autre forme.

Tu vas où pour les vacances ? → Où vas-tu pour les vacances ?

Tu fais quoi ? → _____

Fanny vient avec toi ? → _____

Pierre reste à Paris ? → _____

Tes enfants vont chez leurs grands-parents ? → _____

Leçon 7

≠8

▶ ⊙ ÉCOUTER

Se débrouiller dans les situations d'achat

1 Des personnes font des achats. Pour chaque situation, complétez le tableau.

	Qu'est-ce qu'il/elle achète	Combien ça coûte ?	Comment il/elle paie ?	Quel est le problème ?
1				
2				
3				
4				
5				

▶ LIRE

Comprendre des informations sur le prix des choses

2 Dites si les phrases suivantes sont vraies ou fausses.

Document a

– Le 21 juin, il y a un concert au théâtre du Capitole. ....

– Pour aller à ce concert, on doit acheter un billet. ....

– Tout le monde peut aller à ce concert. ....

Document b

– L'addition est de 33 €. ....

– Les clients doivent payer 10 % en plus. ....

– Ils doivent payer par carte bancaire ou en espèces. ....

Document c

– Quand on s'abonne, le numéro de *Tout Savoir* coûte 6 €. ....

– On peut commander la montre. Elle coûte 72 €. ....

Document d

– Avant les soldes, le prix du VTT est de 180 €. ....

– Aujourd'hui, il coûte 135 €. ....

a

Fête de la musique,
21 juin à 20h30

Théâtre du Capitole
Orchestre de la Région
Midi-Pyrénées
Mozart – Debussy – Chabrier

Entrée gratuite
Invitation à retirer
24 rue Saint-Sernin

Offre exclusive

c ☐ **oui**, je m'abonne à l'offre spéciale 1 an / 12 n° de « **Tout Savoir** » pour 72 €

Je vais recevoir en **cadeau** cette **montre originale**, **pratique** et **moderne**.

LE HALL DU SPORT

Plus 10% de réduction sur nos prix soldés

d

Restaurant « La Pagode »

b   2 chop suey   15 x 2 = 30
     2 cafés   1,5 x 2 = 3
                 33 €

Service compris
Le restaurant n'accepte pas les chèques.

VTT hommes   1̶8̶0̶ €   150 €
VTT dames   1̶8̶0̶ €   150 €

Raconter un emploi du temps

3 Vous êtes en vacances et vous avez un nouveau rythme de vie. Vous racontez votre journée à votre ami(e) dans une lettre ou un message.

À quelle heure le lever, les repas, le coucher ? les activités de la journée ?

_____

_____

_____

_____

Savoir acheter

4 Vous achetez quelque chose dans un magasin. Pensez à un magasin et à un objet précis.

Que dites-vous :

a. pour demander l'objet ? _____

b. pour préciser ce que vous voulez ? _____

c. pour demander le prix ? _____

d. pour indiquer votre choix au vendeur ? _____

e. pour dire comment vous payez ? _____

Savoir conjuguer les verbes de type « se lever »

5 Mettez les verbes entre parenthèses au présent.

Une femme parle de sa vie avec son mari.

« Charles et moi, nous n'avons pas les mêmes rythmes de vie. Charles travaille à la radio. Il (_animer_) _____ l'émission du soir, de 10 h à minuit. Il (_se coucher_) _____ tard et le matin, il ne (_se réveiller_) _____ pas avant 9 h.

Moi, je (_se lever_) _____ tôt. Vers 6 h, je (_prendre_) _____ une douche et mon petit déjeuner. Puis, j'(_écrire_) _____ jusqu'à midi.

Vers 13 h, Charles et moi, nous (_déjeuner_) _____ Puis nous (_passer_) _____ l'après-midi ensemble. Nous (_se promener_) _____ en ville ou nous (_faire_) _____ du sport. »

Utiliser les pronoms indéfinis

6 Complétez.

Dans la nuit

Elle : Écoute ! Tu entends ce bruit ?

Lui : Non, je n'entends _____ .

Elle : Moi, j'entends _____ . Je pense qu'il y a _____ dans la maison !

Lui : Mais non, il n'y a _____ !

Elle : S'il te plaît. Fais _____ ! Va voir !

#9

► ÉCOUTER

Comprendre un itinéraire

1 **Pierre est au parking du boulevard Mozart. Il ne sait pas comment aller chez Marie, 9 rue Saint-Charles. Il appelle Marie.**
• **Tracez l'itinéraire de Pierre.**   • **Reliez les lieux et leur nom.**

Boulevard Mozart – Avenue Charles-de-Gaulle – Rue de Nice – Église Saint-Charles – Rue Saint-Charles

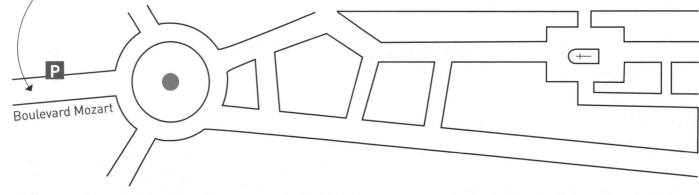

Boulevard Mozart

► **LIRE**

Comprendre des informations à propos d'un rendez-vous

2 **Lisez le message de Noémie. Les phrases suivantes sont-elles vraies ou fausses ?**

a. Noémie habite une ville touristique.

....

b. Noémie ne travaille pas. ....

c. Noémie et Alex habitent la même ville.

....

d. Alex arrive à la gare à 16h30.

....

e. Noémie donne des informations
à Alex pour aller chez elle. ....

f. Noémie habite loin de la gare. ....

g. Dans la ville de Noémie, il y a des
bâtiments très anciens.

....

h. Noémie habite dans la banlieue
de la ville.

....

i. Alex a deux heures pour visiter la ville.

....

j. S'il pleut, Alex peut aller lire un livre.

....

Bonjour Alex !

J'ai bien noté ton heure d'arrivée vendredi soir : 16h30. Mais, excuse-moi, je ne peux pas venir à la gare. Je dois rester au bureau jusqu'à 18 h.

Alors, quand tu arrives à Nîmes, laisse ta valise à la consigne de la gare et va faire un tour en ville. On se retrouve chez moi à 18h30. J'habite à 15 min de la gare, en plein centre-ville : 25 boulevard Victor-Hugo, code porte 2527, 2ᵉ étage gauche.

Pour venir chez moi, c'est facile. Prends l'avenue devant la gare (l'avenue Feuchères), va jusqu'au bout, traverse l'Esplanade. À gauche, tu vas voir les Arènes, c'est un célèbre monument romain. Tourne autour des Arènes par la droite. Le premier boulevard à droite, c'est le boulevard Victor-Hugo.

Il y a plein de choses à voir sur ce boulevard : les Arènes, l'église Saint-Paul, la Maison Carrée (un temple romain), la Médiathèque en face de la Maison Carrée (tu peux y aller s'il pleut) et beaucoup de cafés. À droite, tu peux entrer dans la vieille ville avec ses rues pittoresques et ses hôtels particuliers.

Alors à vendredi soir !

Noémie

Décrire un lieu d'habitation

3 Vous passez vos vacances chez des amis dans les Pyrénées.
Dans une lettre à votre famille, vous décrivez votre lieu de vacances (la maison de vos amis, votre chambre, ce que vous voyez par la fenêtre, etc.).

_____
_____
_____
_____
_____
_____

Exprimer un état et un besoin

4 Que dites-vous dans les situations suivantes :

a. C'est l'été. Il fait très chaud dans la classe. _____

b. Vous faites une randonnée avec des amis et vous êtes fatigué(e). _____

c. Vous devez traduire une lettre. Vous ne comprenez pas tous les mots. _____

d. Vous avez travaillé jusqu'à 2 h du matin. _____

e. Vous êtes malade. _____

Répondre

5 Complétez avec _oui, si, non, aussi, non plus_.

Projet de soirée

Léa : J'ai envie d'aller danser.

Lucas : Moi _____ je n'ai pas envie.

Léa : Tu n'aimes pas danser ?

Lucas : _____ mais je suis fatigué.

Hélène : Moi _____ je suis fatiguée.

Léa : Tu aimes jouer au scrabble ?

Lucas : _____ mais pas ce soir. Je n'ai pas envie.

Hélène : Moi _____ Je préfère regarder la télé.

Décrire des déplacements

6 Faustine raconte sa semaine. Complétez ses phrases d'après les indications.

a. Départ pour Londres, lundi à 8 h.

→ _Je suis partie pour Londres lundi à 8 h._

b. À Londres du lundi au mercredi. → _____
_____ Londres du lundi au mercredi.

c. Retour à Paris mercredi 19 h. → _____
_____ Paris le mercredi à 19 h.

d. Départ pour Rome jeudi 10 h. → _____
_____ pour Rome le jeudi à 10 h.

e. Retour à Paris vendredi après-midi. → _____
_____ Paris le vendredi après-midi.

f. Week-end en famille, à la campagne. → _____
_____ le week-end en famille, à la campagne.

Leçon 9

Nom : _____   Prénom : _____

Observations : _____

▶ 🎧 **ÉCOUTER**

Comprendre des indications de temps

1 **Écoutez et complétez les informations ci-dessous.**

Date d'aujourd'hui _____

(1) Arrivée de Marco en France : _____

(2) Lieu d'habitation pendant son premier mois en France : _____

(3) Date d'installation à Paris : _____

(4) Date de départ de Paris : _____

(5) Arrêt de la pratique du français : _____

(6) Début des études de français à Milan _____

(7) Durée des études de français à Milan _____

▶ **LIRE**

Comprendre des informations biographiques

2 **Remettez dans l'ordre ces huit moments de la vie de Léa et d'Hugo.**

1	2	3	4	5	6	7	8
a							

a. Hugo et Léa se sont rencontrés dans la salle d'examen, le jour de leur baccalauréat. Ils avaient 18 ans.

b. Ils ont décidé de se marier le jour de leurs 20 ans.

c. Ils sont partis en Espagne où ils ont passé l'été.

d. Puis ils se sont revus le jour des résultats de l'examen.

e. Au retour de leur voyage, ils se sont inscrits dans la même université, en faculté des sciences.

f. Comme ils avaient réussi, ils ont décidé de passer leurs vacances ensemble.

g. Léa et Hugo ont divorcé deux ans après leur mariage.

h. Pendant deux ans, ils ont suivi les mêmes cours et ils ont vécu ensemble.

▶ **ÉCRIRE**

Donner par écrit des renseignements biographiques

3 **Rédigez la vie d'Inès Baldy d'après les notes suivantes.**

1980 : Naissance d'Inès Baldy – Mère médecin – Père ingénieur.

1998 : Ses parents divorcent. Ils ne s'entendent pas. Laure a 18 ans.

1999 : Son père adore l'Asie. Il part travailler en Indonésie.

2000 : Laure fait un voyage en Indonésie.

2001 : Laure entre à L'Ensa. L'Ensa est une grande école d'ingénieurs. Laure veut devenir ingénieur informaticienne.

_____

_____

_____

_____

_____

_____

► **SITUATIONS ORALES**

Présenter les membres de sa famille

4 Il présente cinq membres de sa famille. Pour chaque membre, imaginez l'âge, la profession, l'activité de loisir préférée et un événement particulier (voyage, mariage, accident, etc.).

_____

_____

_____

_____

_____

_____

_____

_____

_____

_____

_____

_____

_____

_____

_____

_____

► **CONNAISSANCE ET CORRECTION DE LA LANGUE**

Utiliser les temps du passé

5 Mettez les verbes entre parenthèses au temps qui convient.

Le week-end dernier, je (*aller*) _____ à Avignon avec mon amie.

Nous (*loger*) _____ dans un petit hôtel du centre-ville.

Le samedi matin, nous (*prendre*) _____ notre petit déjeuner sur la place de l'Horloge. Il (*faire*) _____ beau. C'(*être*) _____ très agréable.

Puis, nous (*visiter*) _____ le Palais des Papes. Notre guide (*être*) _____ amusant et sympathique.

À midi, nous (*déjeuner*) _____ sur les bords du Rhône. (*Il y a*) _____ une belle vue sur Avignon.

L'après-midi, mon amie (*aller*) _____ écouter une conférence. Moi, je (*se promener*) _____ dans les rues.

Leçon 10

▶ ⊙ ÉCOUTER

Comprendre des précisions sur la fréquence d'une activité

1 Un institut de sondage interroge une personne sur ses activités de loisirs. Notez la fréquence de ces loisirs.

a. Voir un film : _____

b. Écouter un concert classique : _____

c. Aller au théâtre : _____

d. Aller à l'opéra : _____

e. Écouter un chanteur : _____

▶ LIRE

Comprendre un message d'invitation, de remerciements, d'excuses, de félicitations

a

> Sylvie
>
> Je suis vraiment désolée.
> Je te rends ton roman d'Amélie Nothomb avec beaucoup de retard.
>
> Je te prie de m'excuser.
>
> Marianne

c

> Bonjour Mathieu
> J'ai appris ta réussite à la licence de sciences.
> Je te félicite et je suis très contente pour toi et tes parents !
> Continue comme cela. Je suis sûre que tu vas être un grand scientifique.
> Bise de ta tante Chantal

b

> Chers amis
>
> Nous avons enfin trouvé notre maison idéale : une grande maison qui a une histoire et un grand jardin. C'est la campagne dans la ville !
>
> Pour la découvrir, nous vous invitons à une journée barbecue le dimanche 7 juin.
>
> Les enfants sont les bienvenus.
>
> Ophélie et Renaud
>
> Merci de me répondre au 06 12 ......

d

> Bonjour Claudia
> Je te remercie pour ta recette de confiture d'abricots. Je vais l'essayer et je vais t'envoyer un pot.
> Bise.
> Fanny

2 Trouve-t-on les idées suivantes dans les documents ci-dessus ? Dans quel(s) document(s) ?

(1) On annonce une fête. _____

(2) Quelqu'un s'excuse. _____

(3) On dit qu'on est heureux. _____

(4) On dit « Bravo ». _____

(5) On annonce qu'on va s'installer à la campagne. _____

(6) On parle d'un excellent étudiant. _____

(7) On parle d'une maison neuve. _____

(8) On va préparer quelque chose dans la cuisine. _____

(9) Quelqu'un a emprunté quelque chose. _____

(10) Une femme remercie son amie qui lui a envoyé une recette. _____

Rédiger un message de remerciements, d'excuses, de félicitations

3 Relisez le message « b ». Ophélie et Renaud sont vos amis. Ils vous ont envoyé ce message. Mais le 7 juin vous n'êtes pas libre. Répondez à Ophélie et Renaud.

_____

_____

_____

_____

Employer les formules de politesse

4 Que dites-vous dans les situations suivantes ?

a. Vous êtes invité à dîner à 8 heures chez des amis francophones. Mais vous avez un problème et vous arrivez à 9 heures.

_____

_____

b. Vous faites la queue dans un bureau de poste mais une personne vous passe devant.

_____

_____

c. Pour votre anniversaire, vous avez invité des amis français. Ils vous offrent un cadeau.

_____

_____

d. Vous avez rencontré un francophone sympathique. Après une demi-heure de conversation, il vous dit : « On se tutoie ? »

_____

_____

Employer les pronoms

5 Répondez sans faire de répétition.

Claudia et Jérôme font les cartes de vœux du Nouvel An.

Claudia : Tu as écrit à Fanny et Bertrand ?

Jérôme : Oui, _____

Claudia : On a reçu les vœux d'Agnès ?

Jérôme : Oui, _____

Claudia : Tu as répondu à Catherine ?

Jérôme : Non, _____

Claudia : Tu connais l'adresse de Paul ?

Jérôme : Non, _____

Claudia : On doit écrire à ton directeur ?

Jérôme : Oui, _____

Leçon 11

#12

▶ ⊙ ÉCOUTER

Comprendre des expressions utilisées au téléphone

1 Trouvez ci-dessous la fin de chaque scène au téléphone.

Document 1	Vous pouvez me laisser un message.
Document 2	Un instant, je vous la passe.
Document 3	Vous pouvez rappeler dans un quart d'heure ?
Document 4	Je vous passe son assistante.
Document 5	Non, vous avez fait un faux numéro.
Document 6	***Vous patientez ?***

▶ LIRE

Comprendre des instructions

2 Notez dans quelle situation on peut lire ou entendre les instructions suivantes.

a. chez un médecin ....

b. au bureau de poste ....

c. dans une forêt ....

d. au bord d'une rue, en ville ....

e. dans un hôtel ....

f. dans la campagne ....

g. dans une usine ....

h. sur la porte d'un médecin ....

i. sur un programme de théâtre ....

j. sur une autoroute ....

1 **Prenez un ticket d'appel**
Attendez que votre numéro s'affiche

2 **Fatigue au volant**
Reposez-vous toutes les deux heures

3 **Circuit des sources**
Suivez les panneaux jaunes

5 *Salle d'attente*

4 Pour tout autre problème
appelez la réception

6 *Entrée interdite à toute personne*
étrangère au service

7 Le cabinet est fermé du 6 au 18 août
En cas d'urgence contacter
SOS Médecin 08 23 ......

9 **Sortie
d'école
Roulez lentement**

8 Veuillez éteindre
votre portable pendant
la durée du spectacle

10 **Défense de faire du feu**

Donner de ses nouvelles à quelqu'un

3 À l'occasion du Nouvel An, vous envoyez une lettre ou un message à un(e) ami(e) que vous n'avez pas vu(e) depuis six mois. Vous lui donnez de vos nouvelles. Rédigez une ou deux courtes phrases pour chacun des points suivants :

a. votre santé (vous avez été malade mais maintenant...) _____

_____

b. votre travail ou vos études (un nouveau poste, une réussite ?) _____

_____

c. votre famille (comment va votre mère, votre compagnon, vos enfants...) _____

_____

▶ **SITUATIONS ORALES**

Donner des conseils

4 Que dites-vous dans les situations suivantes ?

a. Un ami : « J'ai encore pris deux kilos ! » – Vous : « _____

_____ »

b. Une personne qui habite avec vous : « Regarde ! Il y a le feu dans l'immeuble en face ! ». – Vous : « _____

_____ »

c. Un collègue de travail qui rentre dans votre bureau : « Excuse-moi. Je peux fumer ? ». – Vous : « _____

_____ »

d. Une amie : « Depuis dix jours, j'ai très mal à la tête et je suis très fatiguée. » – Vous : « _____

_____ »

e. Un ami qui sort d'une soirée chez vous : « On m'a volé ma voiture ! » – Vous : « _____

_____ »

▶ **CONNAISSANCE ET CORRECTION DE LA LANGUE**

Rapporter des paroles

5 L'assistante du directeur reçoit un appel d'un employé. Elle rapporte les phrases au directeur. Écrivez les phrases de l'assistante.

L'employé : Je suis malade.

– *L'assistante* : « Il dit _____

_____ »

L'employé : Est-ce que je peux rester chez moi ?

– *L'assistante* : « Il _____

_____ »

L'employé : Est-ce que Roxane est arrivée ?

– *L'assistante* : _____

L'employé : Donnez le dossier Sodexport à Roxane.

– *L'assistante* : _____

L'employé : Dites-lui de téléphoner à la Sodexport.

– *L'assistante* : _____

Leçon 12

Nom : _____   Prénom : _____

Observations : _____

3

▶ ⊙ ÉCOUTER

Comprendre la description d'une personne

1 Des personnes posent des questions sur Sylvie et Thomas. Répondez oui ou non.

	Sylvie			**Thomas**	
	oui	non		oui	non
a.	☐	☐	**f.**	☐	☐
b.	☐	☐	**g.**	☐	☐
c.	☐	☐	**h.**	☐	☐
d.	☐	☐	**i.**	☐	☐
e.	☐	☐	**j.**	☐	☐

▶ LIRE

Comprendre la présentation d'une personne

MARIAGE À VAUX-LE-VICOMTE

Le 7 juillet a eu lieu au château de Vaux-le-Vicomte, près de Paris, le mariage du joueur de basket français Tony Parker avec l'actrice américaine Eva Longoria, vedette de la série « Desperate Housewifes ».

William Anthony Parker est né à Bruges (Belgique) d'un père joueur de basket-ball et d'une mère mannequin néerlandaise.

Passionné de basket-ball dès son plus jeune âge et poussé par son papa, il commence à jouer très tôt et devient vite un petit prodige du ballon. Son père étant engagé dans l'équipe de Rouen, Tony passe son enfance en Normandie. À l'âge de 10 ans, il joue au club de Fécamp, puis dans différents clubs des environs de Rouen. Cinq ans plus tard, il entre à l'Insep (Institut national des sports et de l'éducation physique) où il partage son temps entre le sport de haut niveau et les études.

Mais sa rapidité et son adresse au tir longue distance le destinent à jouer dans les équipes les plus prestigieuses. En 2001, il joue avec les San Antonio Spurs aux États-Unis et dans l'équipe de France. Il devient un des meilleurs joueurs du monde. En 2003, il est le premier basketteur à avoir sa statue au musée Grévin.

Tony Parker n'est pas seulement un grand sportif. Il anime une émission sur la radio RMC, fait du cinéma (un rôle dans *Astérix aux jeux Olympiques*) et vient d'enregistrer un disque de rap.

2 Lisez le texte et répondez.

a. De qui parle-t-on ? _____   Quel est son vrai nom ? _____

b. À quelle occasion parle-t-on de lui ? _____

c. Pourquoi est-il devenu un champion ? (Citez deux raisons) _____

_____

d. Pourquoi est-il parfaitement bilingue ? _____

e. Où a-t-il joué ? _____

f. A-t-il des activités non sportives ? _____

Parler de sa personnalité

3 Vous vous présentez brièvement sur le site « Compagnons de voyage ». Vous exposez en quelques lignes votre personnalité (votre caractère, vos habitudes, etc.).

> ### Compagnons de voyage
>
> Nombreuses demandes de tous âges de personnes qui cherchent des ami(e)s pour visiter des pays francophones (la France, la Belgique, le Québec, etc.). Présentez-vous.
>
> _____
>
> _____
>
> _____
>
> _____

Se décrire

4 Vous devez faire une conférence à Bordeaux dans une association. Le président de l'association vous téléphone. Continuez la conversation. Décrivez-vous pour que le président vous reconnaisse.

Le président : À quelle heure arrivez-vous ?

Vous : À 17h16

Le président : Je viens vous attendre à la gare. Comment est-ce que je vais vous reconnaître ?

Vous : _____

_____

_____

Caractériser

5 Caractérisez-les par un adjectif.

a. Elle n'aime pas travailler. Elle est _____

b. Il n'a peur de rien. Il est _____

c. Elle n'est pas stressée. Elle est _____

d. Elle aide toujours les autres. Elle est _____

e. Il aime rire. Il est _____

6 Combinez les deux phrases.

f. J'ai passé mes vacances avec Pierre. C'est mon meilleur copain.

_____

g. Nous avons fait une randonnée sur un chemin. Ce chemin fait le tour du mont Blanc.

_____

h. Nous avons rencontré des Suisses et des Italiens. Ces gens étaient très sympas.

_____

7 Complétez avec « C'est » ou « Il est ».

i. Nous allons quelquefois à l'Auberge du Lac. _____ un excellent restaurant.

j. Je connais le chef. _____ très accueillant.

Leçon 13

Nom : _____   Prénom : _____

Observations : _____

▶ ⊙ **ÉCOUTER**

Comprendre quelqu'un qui parle de ses études

1 Marie raconte ses études. Notez où elle a étudié. Notez aussi les examens qu'elle a réussis.

1980 naissance de Marie

1982 ....

1986 ....

1991 ....

1992 ....

1993 ....

1994 ....

1995 ....

1996 ....

1997 ....

1998 ....

1999 ....

2000 ....

2001 ....

2002 ....

2003 ....

2004 ....

2005 ....

2006 ....

▶ **LIRE**

Comprendre des changements

Francofolies de La Rochelle du 11 au 16 juillet

→ Six jours et six nuits de folie... en musique. De Joey Starr à François Morel, d'Abd el Malik à Didier Super, de grands noms de la chanson française dans des genres et des styles divers en compagnie d'un grand nombre d'artistes nouveaux feront vibrer* les scènes de La Rochelle. Rendez-vous chaque jour de 11 h à 5 h du matin.

→ Cette 23ᵉ édition des Francofolies sera marquée par des concerts exceptionnels comme les retrouvailles, après 25 ans d'absence sur scène, avec Yves Simon. Mais le festival veut aussi donner la place avant tout aux nouveaux artistes de la scène. La « Scène Premières Francos » (550 places) leur est spécialement consacrée. Chaque jour, deux séances, à 15 h et à 18 h, sont programmées pour découvrir ces jeunes talents.

→ En dehors des concerts, le public est invité à passer, à partir de 1 h du matin, des soirées de folie à la « boîte des Francos ». Chaque soir, un DJ et des invités surprises assureront un mixage de styles explosifs. Ensuite, dans plusieurs bars de la ville, quatre performeurs de la poésie slam (Rahman, King Bobo, Arthur Ribo et Seisma) se produiront. Les organisateurs n'ont pas oublié les plus petits : cinq spectacles (un de plus que l'année dernière) seront programmés pour donner plus de place à la chanson pour enfants.

---

* Faire vibrer : mettre de l'ambiance.

Aqui !-www.aqui.fr- 07/07/2007

2 Lisez le texte ci-dessus. Dites si les phrases suivantes sont vraies ou fausses.

a. L'article présente un festival de musique et de chanson qui a eu lieu en juillet. ....

b. Ce festival a lieu tous les ans dans une ville qui est sur la côte atlantique. ....

c. Il y a plusieurs lieux de spectacle dans la ville de La Rochelle. ....

d. La ville est animée jour et nuit pendant ce festival. ....

e. On a créé ce festival il y a 25 ans. ....

f. Au programme, il y a des chanteurs célèbres et de jeunes inconnus. ....

g. On peut découvrir de nouveaux chanteurs à partir de 1 h du matin. ....

h. Le soir, on peut danser. ....

i. On peut écouter des chanteurs en prenant un verre dans un café de la ville. ....

j. Le festival des Francofolies ne peut pas intéresser les enfants. ....

Comparer des lieux de vie

3 Vous connaissez une ville (un quartier, un pays) différente de la vôtre. Comparez-les (grandeur, espaces verts, type d'immeuble ou de maison, facilité de transport, ambiance).

_____

_____

_____

_____

_____

_____

_____

▶ SITUATIONS ORALES

Parler du changement

4 Vous rencontrez un(e) ami(e) que vous n'avez pas vu(e) depuis 10 ans. Vous comparez votre vie d'aujourd'hui avec celle d' il y a dix ans.

• le lieu d'habitation, le logement : _____

_____

_____

• l'emploi du temps de la journée : _____

_____

_____

• les loisirs, les sorties : _____

_____

_____

▶ CONNAISSANCE ET CORRECTION DE LA LANGUE

Utiliser le futur

5 Mettez les verbes aux temps qui conviennent.

Projet de vacances

L'été prochain, nous (_aller_) _____ au Mexique. Nous (_visiter_) _____ le Yucatàn. Je (_voir_) _____ les temples mayas. Nous (_louer_) _____ une voiture. Tu (_parler_) _____ espagnol.

Comparer

6 Complétez les phrases.

	Nombre de jours d'absence	Français	Anglais
Anna	2	17	16
Benjamin	10	17	8
Clara	10	15	12

• Anna a eu _____ jours d'absence que Benjamin.

• Clara a eu _____ jours d'absence que Benjamin.

• Anna est excellente en français. Benjamin est _____ bon qu'elle. Clara est un peu _____ .

• En anglais, c'est Anna qui est _____ . C'est Benjamin qui est _____ . Il n'a pas la moyenne.

Leçon 14

Nom : _____ Prénom : _____

Observations : _____

▶ ⊙ ÉCOUTER

Comprendre une personne qui parle de son travail

1 Louis et Flore parlent de leur travail. Complétez la grille.

	Louis	Flore
Quel est leur métier (ou leur formation) ?		
Que font-ils ?		
Quels sont les avantages de ce travail ?		
Quels sont les inconvénients ?		

▶ LIRE

Comprendre des annonces d'emplois

a Étudiante de 23 ans garde enfants Soirées et week-ends

b Boulangerie – Pâtisserie cherche vendeuses pour la période des fêtes du 21 décembre au 3 janvier

c Professeur diplômé donne cours de maths

d Jeune homme donne cours de piano Enfants et adultes

e Informatique à domicile Installation – Dépannage Création de sites – Formation

2 Lisez ces petites annonces.

• **Quelles sont les personnes qui cherchent du travail ?** _____

qui offrent du travail ? _____

• **Quelle annonce peut intéresser chacune des personnes suivantes ? Quelles informations complémentaires doivent-elles demander ?**

1. Une mère : « Mon fils a échoué au bac. Je veux qu'il travaille pendant les vacances. »

_____

2. Agnès (18 ans) : « J'aimerais bien gagner un peu d'argent pour m'acheter un nouvel ordinateur. »

_____

3. Une jeune mère : « Thierry et moi, on aimerait bien partir faire une randonnée avec des amis, samedi et dimanche. Le problème, c'est Maeva. Elle a 4 ans. »

_____

4. Un père : « Ma fille veut faire de la musique mais je n'ai pas le temps de l'accompagner à une école de musique. »

_____

5. Un jeune homme : « J'aimerais créer mon blog mais je ne sais pas comment faire. »

_____

▶ ÉCRIT

Rédiger un curriculum vitae

3 Rédigez les parties « Études » et « Formation professionnelle » de votre curriculum vitae.

Études : _____

_____

_____

Formation professionnelle : _____

_____

_____

▶ SITUATIONS ORALES

Acheter

4 Vous achetez un vêtement. Complétez le dialogue avec le vendeur selon le scénario.

a. Vous entrez dans un magasin de vêtements. Vous avez envie de choisir seul(e) et tranquillement.

Le vendeur : Je peux vous aider ?

Vous : _____

b. Vous avez trouvé un vêtement. Vous voulez l'essayer.

Vous : _____

c. Le vendeur trouve que le vêtement vous va bien. Ce n'est pas votre avis.

Le vendeur : _____

Vous : _____

d. Le vendeur vous propose un autre modèle. Il ne vous plaît pas. Vous décidez de partir.

Vous : _____

▶ CONNAISSANCE ET CORRECTION DE LA LANGUE

Utiliser le pronom

5 Répondez sans répéter les mots soulignés.

a. Vous allez souvent au cinéma ? – Oui, _____

b. Il y a beaucoup de salles de cinéma dans votre ville ? – Oui, _____

c. Il y a un multiplex (cinéma avec plus de dix salles) ? – Oui, _____

d. Vous avez vu des films français en VO (version originale) ? – Oui, _____

e. Vous aimez les films policiers ? – Non, _____

Utiliser les suffixes

6 Transformez l'information en titre de presse comme dans l'exemple.

a. Les prix ont diminué → **Diminution des prix**

b. Les coureurs du Tour de France sont partis → _____

c. L'usine IBM produit des ordinateurs → _____

d. Les scientifiques ont découvert une nouvelle planète → _____

e. Les dépenses de l'État ont augmenté → _____

f. Les syndicats se réunissent demain → _____

■ 29

Leçon 15

16

▶ ⊙ ÉCOUTER

Comprendre des informations à la radio

1 **Écoutez le bulletin d'informations. Trouvez un titre pour chaque information.**

Écrivez ce titre dans la rubrique correspondante.

Politique intérieure : _____

Politique étrangère : _____

Faits divers : _____

Société : _____

Sports : _____

Sorties : _____

Météo : _____

▶ LIRE

Comprendre un jugement

Forum : idée pour une nouvelle école ☀

Je pense qu'il faudrait revoir les horaires scolaires. (La France est un des rares pays) où les écoles primaires et les collèges s'arrêtent de travailler deux heures en milieu de journée (de 11h30 à 13h30 ou de 12 h à 14 h) et une journée (le mercredi) au milieu de la semaine.

Les enseignants et certains parents disent que les enfants ont besoin de ces coupures pour se détendre et se socialiser (rencontrer les autres, jouer avec eux) et pour faire d'autres activités que les activités scolaires. Mais les enseignants savent bien qu'à partir de 15 h les élèves sont fatigués et ont des difficultés à travailler. Ils savent aussi qu'il est difficile de reprendre le travail le jeudi matin.

En fait, ces horaires datent d'une époque où les enfants rentraient chez eux pour déjeuner et avaient un jour en milieu de semaine pour suivre un enseignement religieux.

Les parents d'aujourd'hui les défendent parce qu'ils peuvent laisser leurs enfants pendant qu'ils travaillent.

On peut imaginer une autre école avec les matières scolaires le matin de 8h30 à 12h30, cinq jours par semaine. Après une pause d'une heure, pour le déjeuner, une nouvelle équipe d'animateurs s'occuperait des enfants qui feraient des activités en petits groupes et par périodes de deux heures jusqu'à 17h30 : sports, activités artistiques, bibliothèque, etc.

2 **Lisez le texte ci-dessus. Entourez les parties du texte selon les indications et comme dans l'exemple.**

a. L'auteur compare la France avec d'autres pays.

b. L'auteur présente son projet.

c. L'auteur donne des informations sur les horaires scolaires en France.

d. L'auteur donne la vraie explication de ces horaires.

e. Il donne d'autres explications.

f. Il critique ces horaires.

Donner une opinion par écrit

3 Vous participez à un forum de discussion sur les horaires des écoles dans votre pays. Vous donnez votre avis.

_____

_____

_____

_____

_____

Porter un jugement sur quelqu'un

4 Dites-leur ce que vous pensez de leur comportement. Expliquez votre jugement en une phrase.

a. Louis a deux enfants. Il ne gagne que 1 500 € par mois. Pourtant il dépense 500 € par mois à jouer au poker, au Loto et aux courses de chevaux.

_____

b. Anne n'est pas une professionnelle de la montagne mais elle a décidé de partir en expédition jusqu'au sommet de l'Himalaya.

_____

c. Luc et Fanny sont mariés. Mais Fanny a eu une aventure avec un autre homme. Luc a décidé de divorcer.

_____

_____

Savoir employer le subjonctif

5 Mettez les verbes entre parenthèses à la forme qui convient.

Décision en début d'année

Cette année, il faut que j'(_arrêter_) _____ de fumer et que je (_faire_) _____ du sport.

Toi, il faut que tu (_travailler_) _____ moins et que tu (_être_) _____ plus souvent à la maison.

Je voudrais que nous (_sortir_) _____ le soir, que nous (_aller_) _____ au cinéma,

que nous (_voyager_) _____ pendant les vacances.

J'aimerais que nos amis (_avoir envie_) _____ de nous voir, qu'ils (_venir_) _____ plus

souvent à la maison et qu'ils (_partir_) _____ en vacances avec nous.

Faire une supposition

6 Continuez. Employez cinq verbes (en tout).

Le week-end prochain, s'il fait beau _____

_____

J'irai en France si _____

_____

Leçon 16

Nom : ....   Prénom : ....

Observations : ....

► ⊙ ÉCOUTER

Comprendre des informations et des opinions sur un programme

1 Écoutez. Ils parlent de leurs émissions de télévision préférées. Complétez le tableau.

	5 C dans l'air – La Cinq Animateur : Yves Calvi	**3** Thalassa - France 3 Animateur : Georges Pernoud
Jour et heure		
Type d'émission, sujets		
Qualités de l'émission		
Défauts de l'émission		

► LIRE

Comprendre un article d'informations

2 Lisez l'article. Répondez.

a. Quelle est l'information principale de l'article ? ....

....

b. À quoi ressemblent les radars ? ....

c. Cela est-il vrai pour tous les radars ? ....

....

d. Pourquoi les radars sont-ils transformés ? ....

e. Y a-t-il de faux radars en Suisse ? ....

Sur les routes suisses, attention aux fromages !

Si vous voyez un fromage géant au bord d'une route suisse, levez le pied. Il s'agit probablement d'un radar installé par la police pour contrôler la vitesse des voitures.

Une dizaine des 69 radars que compte le Canton de Genève ont été décorés selon des thèmes typiques de la Suisse : l'emmental jaune avec ses trous (à ne pas confondre avec le gruyère qui n'en a pas), la vache blanche à taches noires, la montre Swatch, le couteau suisse, la boîte aux lettres, etc.

D'après un responsable de la police, le but n'est pas de cacher les radars mais au contraire de les rendre plus visibles. On espère aussi qu'ils seront moins tagués que les traditionnelles boîtes grises.

Les Suisses ne cherchent pas à piéger les automobilistes. On peut consulter sur Internet la position des radars. Les radios locales informent leurs auditeurs des changements et tout le monde sait que beaucoup de ces boîtes grises sont vides.

Résultat : 63 % des Suisses pensent qu'ils ont peu de chance d'être contrôlés.

D'après Actualité.wanadoo.fr du 13 / 05 / 2005

Exprimer une opinion sur un média

3 Présentez brièvement votre émission de télévision ou de radio préférée. Dites pourquoi vous l'aimez.

_____

_____

_____

_____

_____

_____

_____

▶ SITUATIONS ORALES

Présenter quelqu'un à un public

4 Vous avez invité quelqu'un à faire une conférence dans votre ville. Vous présentez cette personne au public (la personne présentée peut être quelqu'un que vous connaissez ou une personne imaginaire).

_____

_____

_____

_____

_____

_____

_____

_____

▶ CONNAISSANCE ET CORRECTION DE LA LANGUE

Utiliser les pronoms relatifs

5 Complétez en utilisant un pronom relatif.

• Je vais passer mes vacances à Barjac. C'est un village _____ est dans le sud de la France.

– C'est une région _____ je connais. J'ai des amis _____ habitent

Vallon. C'est un coin _____ j'adore. Il y a des rivières _____

on peut faire du canoë et des grottes _____ on peut faire de la spéléo.

Caractériser une action par un adverbe

6 Complétez en caractérisant l'action.

a. En ville, il faut conduire _____

b. Si tu veux réussir à l'examen, il faut travailler _____

c. Si vous voulez sortir ce soir, il faut finir votre travail _____

d. Le vieux Monsieur Dumas n'entend pas bien. Parle-lui _____

e. Ce travail est difficile. Ne vous énervez pas. Faites-le _____

Conseils pour faire passer les tests et pour la correction

Déroulement d'une évaluation

• Distribuer aux étudiants la photocopie de la fiche correspondant à la leçon.

• Il est souhaitable de guider les étudiants et de procéder exercice par exercice.

Veiller à ce que la consigne soit bien comprise. En général, les tests s'appuient sur un type d'activité déjà connu des étudiants mais il peut arriver que l'activité soit nouvelle pour eux. C'est le cas du test « Lire » de la page 30.

Donner si nécessaire quelques explications en langue maternelle.

Vérifier également la compréhension de la situation qui sert de support aux activités d'évaluation des compétences de communication.

Correction et notation des épreuves

Pour chaque leçon, on trouve cinq types de tests : Écouter, Lire, Écrire, Situations orales et Connaissance et correction de la langue. Nous proposons de noter chaque compétence évaluée sur 10, soit un total de 50 pour l'évaluation d'une leçon.

Les tests « Connaissance et correction de la langue » se corrigent en terme de juste ou de faux. La notation est alors facile.

Dans les autres types de tests, il convient de noter avant tout la compétence qui est évaluée. Par exemple, dans un test de compréhension orale, on jugera avant tout la capacité à réagir aux messages entendus. La compréhension exacte des mots du message, leur éventuelle transcription selon les règles de la syntaxe, de la morphologie et de l'orthographe sont des paramètres en principe secondaires. Il appartient toutefois à l'enseignant de définir l'importance qu'il souhaite accorder à chacun de ces paramètres.

Les corrigés proposés dans les parties « Écrire » et « Situations orales » ne le sont qu'à titre indicatif. Ils donneront à l'enseignant une idée de ce qu'on peut attendre de mieux avec des étudiants de niveau 1.

Leçon 1

Test 1

Expliquer qu'il s'agit de trouver le dessin correspondant à ce qu'on entend. Faire une première écoute globale du document puis une écoute fragmentée. Arrêter si possible l'enregistrement après chaque phrase.

🌐 **1*** **Transcription** (* n° de la piste sur le CD)

1. Voici l'université.
2. Ici, c'est la cafétéria de l'université.
3. Voici le parc.
4. Ici, c'est le musée.
5. Là, c'est l'hôtel des Étrangers.
6. Voici le théâtre.
7. Voici le Palais des Festivals.
8. Là, c'est le boulevard Victor-Hugo.
9. Ici, c'est une excellente crêperie.
10. Voici ma rue, la rue de Paris.

Corrigé : a, 4 – b, 1 – c, 2 – d, 6 – e, 3 – f, 8 – g, 5 – h, 9 – i, 7 – j, 10

→ Compter 0,5 point par réponse correcte.

Test 2

Faire la première phrase collectivement.

Arrêter l'enregistrement après chaque phrase.

🌐 **2** **Transcription**

1. Vous vous appelez comment ?
2. Vous êtes espagnol ?
3. Vous parlez bien français ?
4. Vous comprenez l'anglais ?
5. Vous habitez où ?

Corrigé : ordre des questions : 5 – 2 – 1 – 4 – 3

→ Compter 1 point par réponse juste.

Test 3

Faire le premier mot avec les étudiants.

Corrigé : université de Lyon (c, g, i) – café-restaurant (f, h, k) – Théâtre des Champs-Élysées (a, e) – plan de Paris (b, d, j)

→ Compter 1 point par mot correctement placé. On peut admettre que la bibliothèque soit placée dans le plan de Paris.

Test 4

L'étudiant doit inscrire ses données personnelles. Aider les étudiants dans le cas où une des rubriques n'aurait pas été abordée en classe.

→ Compter 1 point par information correctement placée et compréhensible (7 points) et 3 points pour la correction de l'écriture.

Test 5

Deux possibilités :

a. Les étudiants se mettent par deux. Ils préparent puis jouent le dialogue.

b. L'activité est individuelle et écrite.

Dans les deux cas, veiller à ce que les étudiants aient bien compris les situations. Leur expliquer qu'ils peuvent utiliser les expressions de la liste.

→ Noter sur 10. Prendre en compte l'adéquation des phrases à la situation, la compréhension des phrases prononcées, l'aisance de l'étudiant, la prononciation et l'intonation.

Test 6

Corrigé : a. : Elle est … – b. : Elle ne comprend pas … - c. : Elle parle … - d. : Moi je suis … - e. : Tu es …

→ Compter 1 point par forme correcte.

Test 7

Dire aux étudiants qu'ils doivent répondre en fonction de leur situation personnelle.

→ Noter 1 point par réponse correcte, 0,5 quand la question a été comprise et que la réponse est compréhensible. (*Exemple :* Je ne parle)

Leçon 2

Test 1

Expliquer qu'on va entendre un professeur qui donne des consignes.

🎧 3 Transcription

1. Écoutez.
2. Répétez.
3. Écrivez.
4. Lisez.
5. Regardez la photo.
6. Complétez la phrase.
7. Posez une question.
8. Ouvrez le livre page 10.
9. Cherchez.
10. Jouez la scène.

Corrigé : a, 4 – b, 7 – c, 9 – d, 2 – e, 3 – f, 1 – g, 10 –h, 8 – i, 6 – j, 5

→ Compter 1 point par réponse juste. Tolérer « Lisez » et « Ouvrez le livre » indifféremment pour a et h.

Test 2

Montrer le portrait de Pierre Boucher, expliquer qu'il s'agit de trouver dans l'article des informations sur lui.

Corrigé : Nom : Boucher – Prénom : Pierre – Lieu de naissance : Milan (Italie) – Études : diplôme de l'école des traducteurs de Lille – Langues parlées : français, italien, espagnol, anglais, japonais – Profession : professeur puis directeur – Lieu de travail actuel : IILP Paris – Expérience professionnelle : professeur au Centre culturel de Rome, directeur de la Maison française d'Oxford – Goûts : musique, photo, football, restaurant, vins, écriture (2 romans).

→ Compter de 1 à 1,5 point par rubrique correctement remplie.

Test 3

L'activité aura été faite oralement en classe. Expliquer la consigne. Dire qu'on peut s'aider des questions posées dans la bulle et qu'il suffit de faire quatre courtes phrases.

→ Noter 2 points par phrase. Pour chacune, tenir compte de la pertinence de la phrase et de sa correction.

Test 4

Peut être fait en jeu de rôles (voir le test 5 de la leçon 1) ou individuellement par écrit. Vérifier la compréhension des deux scènes qui s'enchaînent dans une même situation : un cocktail chez un particulier.

Corrigés :

a. Qui est-ce ? – C'est Anna. – C'est une amie ? Elle est française ?

b. Qu'est-ce que c'est ? C'est la tour Eiffel ? – Non, c'est une femme.

→ Le corrigé ci-dessus est donné à titre indicatif. On évaluera en priorité la pertinence des questions (Qui est-ce ? Qu'est-ce que c'est ?), l'adéquation de la réponse à la question et la quantité d'informations données (1, 2 ou 3 informations sur les personnages présentés).

Test 5

Faire la première phrase collectivement. Conseiller aux étudiants de prononcer la phrase en entier dans leur tête pour choisir le bon élément.

Corrigé : la ville de Rouen – une belle ville – la cathédrale – le centre de la ville – des restaurants à Rouen – le restaurant « La Couronne ».

→ Compter 1 point par réponse juste.

Test 6

Corrigé : une amie / Elle s'appelle – Elle est espagnole / Elle a – Pierre et Maria habitent / Ils sont étudiants – copains espagnols – Tous apprennent.

→ Compter 0,5 point par réponse juste.

Leçon 3

Test 1

Présenter le tableau. Expliquer les rubriques. L'enregistrement comporte trois parties. Chacune concernant les loisirs d'un personnage. Procéder partie par partie.

🌐 4 Transcription

F : Cédric, qu'est-ce que tu fais après les cours ?
H : Je fais du tennis... Je vais aussi beaucoup au cinéma... J'adore le cinéma.
F : Et chez toi, qu'est-ce que tu fais ?
H : Je regarde la télévision.

H : Et toi, Justine ?
F : Moi, je fais de la natation... Je vais à la piscine tous les jours.
H : Et chez toi ?
F : Je lis... des romans.
H : Tu ne sors pas ?
F : Si, j'aime bien aller au théâtre.

F : Et toi, Olivier, qu'est-ce que tu fais comme activités ?
H : Je ne fais pas de sport... mais j'adore la musique... Je joue du piano... J'aime aussi les jeux vidéo.
F : Et tes sorties, c'est quoi ?
H : Les concerts de musique rock... les chanteurs... Je vais aussi beaucoup en discothèque.

Corrigé :
Cédric : sports (tennis), sorties (cinéma), maison (télévision).
Justine : sports (natation), sorties (théâtre), maison (lecture).
Olivier : sports (non), sorties (concert, discothèque), maison (musique, piano, jeux vidéo).

→ Compter 1 point par activité repérée. Ne pas tenir compte de l'orthographe de la transcription.

Test 2

Expliquer qu'il faut trouver le document correspondant au souhait de chaque personne. Faire la première phrase en commun.

Corrigé : a : 2 – b : 1 – c : 3 – d : 1, 5, 6 – e : 6 – f : 1, 5, 6 – g : 4, 5, 2 – h : 3 – i : 5 – j : 2, 3, 4.

→ Compter 1 point quand au moins une activité par souhait a été trouvée.

Test 3

Rappeler ce qu'est l'association « J'aime ma ville », livre élève p. 22. Expliquer qu'il s'agit de présenter ces activités de loisirs.

→ Nous conseillons de ne pas pénaliser les étudiants qui se seront contentés d'une énumération car c'est ce qui est attendue dans ce type de document.

Test 4

Les étudiants peuvent jouer la scène si la classe n'est pas trop importante. Sinon chaque étudiant imagine et écrit un dialogue. Expliquer qu'il s'agit d'une situation d'invitation.

→ On notera :
– pour le personnage qui invite : l'exposé du projet (Je vais passer le week-end à Val-d'Isère...) (2 points), la demande (Est-ce que tu veux venir ?) (2 points) ;
– pour le personnage qui répond : l'impossibilité de venir (Je ne peux pas venir) (2 points), la présentation des activités du week-end (soirée au Palais des Sports, etc.) (4 points).

Test 5

Activité connue.

Corrigé : Qu'est-ce que vous *faites* ... Vous *allez* ... nous *restons* ... Pierre *doit* ... j'*ai* du travail ... je *vais* au théâtre ... Pierre *fait* du vélo ... qu'est-ce qu'ils *font* ... Ils *vont* chez des amis ... Ils *ont* ...

→ Compter 0,5 point par forme correcte.

Test 6

Ce type d'activité a déjà été pratiqué dans le livre élève.

Corrigé : Noémie et *moi* ... Tu viens avec *nous* ... Je vais avec *eux* ... sans *toi* ... *Lui*, il ne vient pas...

→ Compter 1 point par forme correctement employée.

Leçon 4

Test 1

Type d'activité déjà pratiqué dans le livre élève.

🌐 5 Transcription

Pierre : Qu'est-ce que tu fais ce week-end ?
Marie : Samedi matin, à dix heures, je vais à mon cours de danse.
Pierre : Jusqu'à quelle heure ?

Marie : Jusqu'à midi. Après je déjeune avec une amie de l'école de danse.

Pierre : Et l'après-midi ?

Marie : L'après-midi, je travaille. À deux heures, je suis chez un copain étudiant. On va préparer un travail ensemble… À six heures, je rentre chez moi… Le soir, à huit heures, je suis invitée à une fête.

Pierre : Et dimanche ?

Marie : Oh, dimanche, je dors jusqu'à midi… Mais l'après-midi, je suis libre.

Pierre : On peut aller au cinéma… À la séance de deux heures ?

Marie : Non, à la séance de 16 heures. Mais tu viens à deux heures et on va se détendre dans le parc.

Pierre : D'accord. J'arrive à deux heures. On fait un tour dans le parc et on va au cinéma.

Corrigé :
• **Samedi** : 10 h-12 h : cours de danse – vers 13 h : déjeuner avec une amie – 14 h : travail avec un étudiant – 18 h : retour à la maison – 20 h : invitation.
• **Dimanche** : 14 h : promenade avec Pierre – 16 h : cinéma.

→ Compter 1,5 point par information correctement indiquée.

Test 2

Expliquer les deux parties du test :
a. Remettre les sept phrases dans l'ordre (pour aider les étudiants, on peut indiquer que la première phrase porte sur la naissance de Karl Lagerfeld).
b. Répondre aux questions.

Corrigé :
• Ordre des phrases : c – b – e – f – a – g – d
• Questions : a. en 1938 (le 10 septembre) – b. à l'âge de 14 ans (en 1952) – c. chez les stylistes Jean Patou et Pierre Balmain – d. oui, en Allemagne et au Japon – e. chez le styliste italien Fendi.

→ Compter 1 point par réponse correcte. Tolérer une inversion entre les phrases f et a.

Test 3

Il s'agit de rédiger un petit texte à partir des questions posées. Demander au moins une courte phrase par question.

→ Compter 2 points par phrase (1 point pour la pertinence de l'information et 1 point pour la correction de la langue).

Test 4

Présenter la situation. Faire jouer ou écrire la scène.

Corrigé :
• De Pierre, on peut attendre des phrases interrogatives

(Qu'est-ce que tu as fait aujourd'hui ? … À quelle heure tu es partie ? … Et après ? … Et l'après-midi …).
• De Mélanie (Je suis allée à Paris … Je suis partie à 7 h. Je suis arrivée …).

→ On notera l'emploi du passé composé (sans trop pénaliser les erreurs d'auxiliaire et l'emploi des marques temporelles).

Test 5

Corrigé : 7 décembre 2008 – vingt et un mars 2008 – quinze juin 2008 – sept heures quinze (sept heures et quart) – huit heures quarante (neuf heures moins vingt).

→ Compter 1 point par réponse juste.

Test 6

Utiliser la première phrase comme exemple.

Corrigé :
b. Victor Hugo est né en 1802. – **c.** Mardi prochain, nous dînons (nous allons dîner) chez Patrick. – **d.** La semaine dernière, nous avons passé le week-end à Paris. – **e.** Nous partons pour Mexico demain à 17 h. – **f.** L'an dernier, en août, nous sommes allés en vacances au Portugal.

Leçon 5

Test 1

Faire écouter deux ou trois fois chaque document.

6 Transcription

Document 1
F : Il reste des places pour le concert de ce soir ?
H : Oui, il reste deux places à 25 €.

Document 2
H : Bonjour, j'ai un billet aller-retour pour Berlin. Le retour est à 19 h. Est-ce qu'il y a un vol plus tard ?
F : Oui, il y a un vol à 20 h et un à 21 h… et il y a de la place.

Document 3
F : Votre attention, s'il vous plaît. Le TGV en provenance de Lille-Europe et à destination de Marseille, départ 9h45, va entrer en gare.

Document 4
H : Excusez-moi, madame, il est bientôt 17 h, le musée va fermer.

Document 5

F : Vol 748 à destination de New York, embarquement immédiat porte 45.

Corrigé : À la gare : 3 (arrivée du TGV pour Marseille) – **À l'agence Air France :** 2 (il y a deux vols plus tard) – **Au musée :** 4 (le musée ferme à 17 h) – **Au guichet :** 1 (il reste deux places) – **À l'aéroport :** 5 (embarquement du vol pour New York).

→ Compter 2 points par situation (1 point si le lieu a été reconnu et 1 point si l'information a été comprise).

Test 2

Même activité que leçon 3, test 2.

Corrigé : a : 1, 2 – b : 1, 2 – c : 3 – d : 1, 3, 4 – e : 4 – f : 3, 4 – g : 2 – h : 3 – i : 2, 4 – j : 1

→ Compter 1 point quand au moins une destination par souhait a été trouvée.

Test 3

Bien expliquer les consignes, si nécessaire en langue maternelle.

Corrigé :
On attend des phrases simples :
• 1er **message :** Je voudrais réserver un séjour pour deux personnes à l'hôtel Malouba du … au …
• 2e **message :** J'ai réservé … Je suis désolé … Je dois annuler …

→ Compter 5 points par message (2,5 points pour la pertinence des informations et 2,5 points pour la correction de la langue).

Test 4

La situation est comparable à celle du livre élève, scène 1, page 50. Expliquer qu'il s'agit de choisir un voyage parmi les destinations proposées dans la page précédente.

À faire par deux sous forme de jeu de rôles ou individuellement par écrit.

→ On évaluera l'utilisation des expressions du goût et des préférences (j'aime, je préfère) et de la comparaison (la randonnée est trop fatigante, elle est plus chère que le séjour aux Antilles).

Test 5

Dire qu'on doit compléter avec un possessif ou un démonstratif.

Corrigé : … dans *ce* village … Dans *ces* rues … mes copines… dans *cette* école … Monsieur Dumas, *mon* professeur … *ma* mère et *mon* père … dans *cet* hôtel … *ma* maison et *mon* jardin.

→ Compter 0,5 par réponse juste.

Test 6

Corrigé : **a.** Varsovie est *moins* loin – **b.** Londres est *plus* près – **c.** Varsovie et Séville sont *aussi* loin – **d.** Le vol Paris-Varsovie est *plus* cher – **e.** 140 €, c'est le *meilleur* prix.

→ Compter 1 point par phrase correcte.

Leçon 6

Test 1

Présenter la situation. Faire écouter deux fois chaque réplique et laisser aux étudiants le temps de noter.

🌐 7 Transcription

Paul : Bon, on va faire la liste pour le supermarché… Alors, on prend du lait… de l'eau minérale… de la bière…
Marie : Et aussi un rôti de bœuf et des haricots verts… Ce soir, on a Claudia et Jérôme à dîner.
Paul : Alors on doit acheter du vin…
Marie : Pour le dessert, je vais faire une salade de fruits avec de la glace. Alors écris : bananes… oranges… pommes… glace à la vanille.
Paul : Et je n'oublie pas le pain, trois baguettes ?
Marie : Oui, trois baguettes.

Corrigé : viandes et poissons : rôti de bœuf – **légumes :** haricots verts – **fromages et lait :** lait – **fruits :** banane, orange, pomme – **pain, pâtisseries, glace :** pain (3 baguettes), glace à la vanille – **boissons :** eau minérale, bière, vin.

→ Compter 1 point par aliment reconnu.

Test 2

Corrigé : 1 : j, o, s – 2 : p – 3 : k – 4 : d, l, m – 5 : q – 6 : i, g – 7 : t – 8 : e, f, r – 9 : a, n – 10 : c

→ Compter 1 point quand au moins un plat par souhait a été trouvé.

Test 3

Présenter la situation.

→ Compter 2 points pour chacun des éléments du message : la situation (J'organise une fête pour…), la date, le lieu –

quelques mots sur la fête (On va danser... Il y a Pierre et Julie), l'invitation (Pouvez-vous venir ?).

Test 4

Si le test est individuel ou écrit, l'étudiant rédige une phrase pour chaque situation. Le test peut faire aussi l'objet d'un jeu de rôles.

Corrigé : a. Bonjour. Le restaurant ... ? Je voudrais réserver une table pour mercredi soir, pour quatre personnes. – b. J'ai réservé une table au nom de ... – c. Excusez-moi. Le tournedos Rossini, c'est quoi ? – d. On a choisi, en entrée on va prendre ... – e. Je voudrais l'addition, s'il vous plaît.

→ Compter 2 points par situation.

Test 5

Corrigé : à la montagne ... une amie ... du ski ... un restaurant ... un plat ... du fromage chaud ... de la charcuterie ... de la salade verte ... du vin ... une bière.

→ Compter 0,5 point par choix correct.

Test 6

Corrigé : Où vas-tu ... ? – Que fais-tu ? – Fanny vient-elle avec toi ? – Pierre reste-t-il à Paris ? – Tes enfants vont-ils chez les grands-parents ?

→ Compter 1 point par réponse juste.

Leçon 7

Test 1

Faire une pose après l'écoute de chaque document pour que les étudiants complètent la grille.

🌐 8 Transcription

Document 1

F : Bonjour. Deux places pour le film *Pirates des Caraïbes*.
H : 16 €, s'il vous plaît.
F : Voilà.
H : Vous me donnez un billet de 10 €.
F : Oh, excusez-moi. Voici un billet de 20.

Document 2

F : *Le Monde*, s'il vous plaît.
H : 1,20 €.
F : Voilà. Excusez-moi, je n'ai pas de monnaie.
H : Vous n'avez pas plus petit qu'un billet de 50 ?
F : Non, je suis désolée.

Document 3

H : Alors... Paris-Marseille aller-retour. Ça fait 180 €... Merci, tapez votre code... Ah, ça affiche « code incorrect ». Vous pouvez retaper votre code ?

Document 4

F : Je peux avoir l'addition, s'il vous plaît ?
H : La voici.
F : Merci... Voici ma carte bancaire... Attendez, il y a une erreur. Vous avez compté des apéritifs. On n'a pas pris d'apéritif.

Document 5

H : Je voudrais ce livre, s'il vous plaît.
F : 12 €... Euh, je prends les chèques à partir de 20 €, monsieur.

Corrigé :

(1) achat de deux places de cinéma – 16 € – paiement en espèces – problème : erreur sur le billet.
(2) achat du journal *Le Monde* – 1,20 € – paiement en espèces – problème : pas de monnaie.
(3) achat d'un billet de train – 180 € – paiement par carte – problème : code incorrect.
(4) paiement d'un repas – prix non précisé – paiement par carte bancaire – problème : erreur dans l'addition.
(5) achat d'un livre – 12 € – paiement par chèque – chèque non accepté.

→ Compter 0,5 point par information correcte.

Test 2

Corrigé :
Document a. Le 21 juin ... (V) – Pour aller ... (F) – Tout le monde ... (F, il faut retirer une invitation)
Document b. L'addition ... (V) – Les clients ... (F) – Ils doivent payer ... (V)
Document c. Quand on s'abonne ... (V) – On peut commander ... (F)
Document d. Avant les soldes ... (V) – Aujourd'hui ... (V)

→ Compter 1 point par réponse correcte.

Test 3

Présenter la situation. Demander au moins cinq phrases.

→ Compter 5 points pour les phrases précisant les heures du lever, du coucher, des repas et 5 points pour les autres informations (énumération des activités, etc.).

Test 4

Ce test peut aussi se faire à partir d'un jeu de rôles entre deux étudiants. Expliquer qu'il faut penser à une situation précise d'achat.

Corrigé :

a. Bonjour, je voudrais … (Est-ce que vous avez … ?)

b. Je voudrais quelque chose de plus grand, de plus beau, etc.

c. Il coûte combien ? (Quel est le prix de ce … ?)

d. Je vais prendre ce …

e. Je paie par carte bancaire.

→ Compter 2 points par phrase.

Test 5

Corrigé : Il *anime* l'émission … Il *se couche* tard … Il *se réveille* … Je *me lève* … Je *prends* … J'*écris* … Nous *déjeunons* … Nous *passons* … Nous *nous promenons* … Nous *faisons* du sport.

→ Compter 0 ,5 point par forme correcte.

Test 6

Corrigé : Non, je *n'*entends *rien* … Moi, j'entends *quelque chose* … Il y a *quelqu'un* dans la maison … Mais non, il *n'*y a *personne*… Fais *quelque chose*.

→ Compter 1 point par forme correcte.

Leçon 8

Test 1

Préciser les deux tâches : tracer l'itinéraire, relier les lieux et leur nom. Fragmenter l'écoute du document. Expliquer le sens du mot « église ».

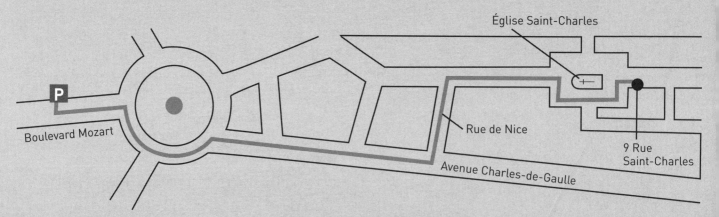

🌍 9 Transcription

Pierre : Allô, Marie, c'est Pierre.

Marie : Ah, bonjour. Tu es où ?

Pierre : Au parking sur le boulevard Mozart.

Marie : Alors, tu vois une grande place, avec une statue au milieu ?

Pierre : Oui.

Marie : Traverse le boulevard Mozart et tourne autour de la place jusqu'à la deuxième avenue. C'est l'avenue Charles-de-Gaulle… Traverse l'avenue Charles-de-Gaulle et continue dans cette avenue jusqu'à la troisième rue à gauche.

Pierre : Troisième rue à gauche, d'accord.

Marie : C'est la rue de Nice. Tu vas jusqu'au bout de la rue de Nice, puis tu tournes à droite. Ça va ?

Pierre : Ça va !

Marie : Après tu continues. Tu arrives sur une place avec une église. C'est l'église Saint-Charles. J'habite la rue juste derrière l'église. C'est la rue Saint-Charles, au numéro 9.

→ Compter 1 point par indication tracée sur l'itinéraire et 1 point par lieu identifié.

Test 2

Corrigé : a. V – b. F – c. F – d. V – e. V – f. F – g. V – h. F – i. V – j. V

Test 3

Présenter la situation et la tâche à faire. Les étudiants doivent décrire la maison, leur chambre et l'environnement.

→ On se contentera d'éléments descriptifs extrêmement simples. *Exemple :* « Mes amis ont une petite maison, à deux kilomètres du village. Il y a un jardin et de beaux arbres… »

Compter 3 points pour chaque partie de la description. Ajuster selon la correction de la langue.

Test 4

Corrigé :

a. J'ai chaud. Je peux ouvrir la fenêtre ? (On peut mettre le climatiseur en marche ?)

b. Je suis fatigué(e). On peut s'arrêter (se reposer, faire une pause) ?

c. Je ne comprends pas ce mot. Qu'est-ce qu'il veut dire ? Vous pouvez traduire ?

d. J'ai sommeil. Je vais me coucher.

e. Je suis malade (je ne suis pas bien, j'ai mal à la tête ...). Je vais prendre une aspirine (je vais appeler le médecin).

→ Compter 2 points par production pertinente.

Test 5

Corrigé : Moi *non*, je n'ai pas envie.
– *Si*, mais je suis fatigué.
– Moi *aussi*, je suis fatiguée.
– *Oui*, mais pas ce soir.
– Moi *non plus*. Je préfère regarder la télé.

→ Compter 1 point par réponse juste.

Test 6

Faire la première phrase collectivement à titre d'exemple.

Corrigé :

b. Je suis restée à Londres du lundi au mercredi.

c. Je suis rentrée à Paris le mercredi à 19 h.

d. Je suis repartie pour Rome le jeudi à 10 h. (Accepter : je suis partie)

e. Je suis retournée (Je suis rentrée) à Paris le vendredi après-midi.

f. J'ai passé le week-end en famille, à la campagne.

→ Compter 1 point par forme correcte.

LEÇON 9

Test 1

Ce test évalue la capacité à comprendre la durée à partir du moment présent. On complétera « Date d'aujourd'hui » en écrivant le mois et l'année du moment où on fait ce test.

🌐 10 Transcription

1. Marco est italien. Il est arrivé en France il y a trois mois...
2. Pendant un mois, il a logé chez des amis à Nice. Puis il s'est installé à Paris.
3. Il est à Paris depuis deux mois.
4. Il va rester à Paris encore trois mois.
5. Il y a cinq ans que Marco n'a pas parlé français.
6. Il y a huit ans que Marco a commencé des études de français à l'université de Milan.

7. Il a étudié le français dans cette université pendant trois ans.

→ Compter 1,5 point par réponse juste.

Test 2

Activité de remise en ordre des différents moments d'un récit déjà pratiquée à la leçon 4.

Corrigé : 1, a – 2, d – 3, f – 4, c – 5, e – 6, h – 7, b – 8, g

→ Compter 1,5 point pour chaque phrase remise en ordre à partir de la deuxième.

Test 3

Expliquer qu'à partir des notes, il s'agit de rédiger un petit récit au passé.

Corrigé : Inès Baldy est née en 1980. Sa mère était médecin et son père ingénieur. – En 1998, ses parents ont divorcé. Ils ne s'entendaient pas. Inès avait 18 ans. – Son père adorait l'Asie. En 1999, il est parti travailler en Indonésie. – En 2000, Inès a fait un voyage en Indonésie. – Un an après, elle est entrée à l'Ensa. L'Ensa est une grande école d'ingénieurs. Inès voulait devenir ingénieur informaticienne.

→ Compter 2 points par séquence narrative. Dans chaque séquence, noter l'emploi du passé composé, de l'imparfait ou du présent dans la dernière séquence.

Test 4

Aider les étudiants à découvrir la consigne. Il s'agit d'écrire seulement une ligne sur chaque membre de la famille.

Corrigé : Pour chacun des membres de la famille on attend une séquence du type : « Mon grand-père s'appelle Antoine. Il a 70 ans. Il était médecin. Il aime les voyages. Il s'est marié avec une Chinoise. »

→ Noter sur dix. Évaluer la connaissance du nom des membres de la famille et l'emploi des temps.

Test 5

Corrigé : Le week-end dernier, je *suis allé(e)* ... Nous *avons logé* ... Nous *avons pris* notre petit déjeuner ... Il *faisait* beau. C'*était* très agréable. Puis nous *avons visité* ... Notre guide *était* amusant ... Nous *avons déjeuné* ... Il y *avait* une belle vue. Mon amie *est allée* ... Moi je *me suis promené(e)*.

→ Compter 1 point par forme correcte.

LEÇON 10

Test 1

Faire une écoute fragmentée pour laisser le temps aux étudiants de compléter les informations.

🌐 **11 Transcription**

a.

H : Bonjour, je suis de l'institut de sondage « Tendance ». Vous avez cinq minutes pour répondre à quelques questions ?

F : Des questions sur quoi ?

H : Sur vos loisirs.

F : D'accord.

H : Commençons par vos sorties. Est-ce que vous allez souvent au cinéma?

F : Ah oui. Une fois par semaine.

b.

H : Vous allez écouter des concerts de musique classique ?

F : C'est rare.

c.

H : Vous allez au théâtre ?

F : Ça oui, je vais au théâtre assez souvent. Disons une fois par mois.

d.

H : Vous allez à l'opéra ?

F : Je ne suis jamais allée à l'opéra.

e.

H : Vous allez à des concerts de variétés ?

F : Pas souvent. Mais deux ou trois fois dans l'année.

→ Compter 2 points par information correcte.

Test 2

Faire la première phrase en commun.

Corrigé : 1, b – 2, a – 3, b, c – 4, c – 5, dans aucun document, dans le document b, la maison se trouve en ville – 6, c – 7, dans aucun document, dans le document b, la grande maison a une histoire – 8, d – 9, a – 10, d.

→ Compter 1 point par information correcte.

Test 3

Bien expliquer la situation.

Corrigé :

Chers amis, J'ai bien reçu votre invitation à la journée barbecue. Je vous remercie. Mais le 7 juin, je ne suis pas libre. Je fais une randonnée dans le Jura avec des copains. C'est bien dommage.

Vous avez trouvé votre maison idéale. Je suis content pour vous. Amitiés à vous et à vos enfants.

→ Noter sur 5 la pertinence des informations et sur 5 la correction de la langue, en particulier l'emploi des pronoms (Je vous remercie, etc.).

Test 4

Procéder situation par situation.

Corrigé :

a. Je suis désolé(e). Je suis très en retard. Le métro s'est arrêté pendant une heure…

b. Excusez-moi, je suis avant vous. Je faisais la queue quand vous êtes arrivé(e)…

c. Je vous remercie. C'est très gentil. Qu'est-ce que c'est? J'ai très envie de l'ouvrir… Oh, c'est très joli, très original. Il ne fallait pas…

d. D'accord, on se tutoie si tu veux.

→ Compter 2,5 points par production pertinente.

Test 5

Corrigé : je *leur* ai écrit … on *les* a reçus … je *ne lui* ai *pas* répondu … je *ne la* connais *pas* … on doit *lui* écrire.

→ Compter 2 points par forme correcte.

LEÇON 11

Test 1

Tâche d'un type nouveau. Il s'agit de trouver la suite logique du document sonore parmi les phrases proposées. Faire en commun le premier document.

🌐 **12 Transcription**

Document 1

F : Bonjour. Catherine Mergot. Je voudrais parler à monsieur Dupuis.

H : Monsieur Dupuis est en ligne. Mais je pense que ça ne va pas être long…

Document 2

H : Bonjour, je voudrais parler à madame Laborde.

F : Elle est en réunion. Mais la réunion finit dans un quart d'heure…

Document 3

F : Est-ce que je pourrais parler à madame Bonvin ?

H : Madame Bonvin est en vacances pour deux semaines…

Document 4 (répondeur)

Bonjour. Vous êtes bien chez Marc Dupuis. Je suis absent pour le moment…

Document 5

H : Est-ce que madame Bonvin est là ?

F : Oui, monsieur. C'est de la part de qui ?

H : Pierre Legrand.

Document 6

H : Allô, Paul ?

F : Euh, il n'y a pas de Paul ici.

H : Je ne suis pas au 01 66 55 28 ?

Corrigé : 1. Vous patientez ? – **2.** Vous pouvez rappeler dans un quart d'heure ? – **3.** Je vous passe son assistante. – **4.** Vous pouvez me laisser un message. – **5.** Un instant, je vous la passe. – **6.** Non, vous avez fait un faux numéro.

Test 2

Corrigé : a, 5 – b, 1 – c, 3, 10 – d, 9 – e, 4 – f, 3 – g, 6 – h, 7 – i, 8 – j, 2

→ Compter 1 point par association correcte.

Test 3

Bien présenter la situation générale et procéder progressivement.

→ Noter à la fois la capacité à donner des informations pertinentes et la correction de la langue.

Test 4

Procéder progressivement : l'enseignant présente la situation. L'étudiant réagit par écrit à cette situation.

Corrigé :

a. Tu dois moins manger, faire un régime, faire du sport, etc.

b. J'appelle les pompiers …

c. (selon votre humeur) Si vous voulez. – D'accord, mais on ouvre la fenêtre. – Je ne préfère pas. Je ne supporte pas la fumée.

d. Prends une aspirine – Va voir un médecin.

e. Il faut faire une déclaration à la police puis à ton assurance.

→ Compter 2 points par information pertinente.

Test 5

Corrigé : Il dit qu'il est malade. – Il demande s'il peut rester chez lui. – Il demande si Roxane est arrivée. – Il me demande de donner le dossier Sodexport à Roxane. – Il demande à Roxane de téléphoner à la Sodexport.

→ Compter 2 points par forme correcte.

LEÇON 12

Test 1

Les étudiants doivent observer le dessin, puis répondre aux questions enregistrées.

🌐 13 **Transcription**

a. Sylvie, c'est la fille qui a des lunettes ?

b. Sylvie a des cheveux noirs très longs, c'est ça ?

c. Elle est grande et mince ?

d. C'est la fille qui porte une jupe blanche et un chemisier noir ?

e. Elle a des chaussures d'été ?

f. Thomas, c'est le brun ?

g. Il a les cheveux longs ?

h. Il est un peu gros, non ?

i. Il a un manteau noir ?

j. Il a une cravate ?

Corrigé : a : V – b : F – c : V – d : F – e : F – f : F – g : V – h : V – i : V – j : V

→ Compter 1 point par réponse juste.

Test 2

Activité classique de questions sur un texte.

Corrigé :

a. On parle d'un célèbre joueur de basket-ball de l'équipe américaine des Spurs : Tony Parker. Son vrai nom est William Anthony Parker.

b. À cause de son mariage avec une célèbre actrice américaine, dans un célèbre château de la région parisienne.

c. Son père était joueur professionnel. Il a commencé à jouer très tôt et il a été remarqué. Il est rapide. Il est adroit au tir à longue distance.

d. Il a passé son enfance et sa jeunesse en France puis il est parti aux États-Unis. Son père était américain.

e. Au club de Fécamp, dans différents clubs des environs de Rouen, dans l'équipe des San Antonio Spurs.

f. Oui, il fait de la radio, du cinéma, du rap.

→ Compter 1 point pour a et b et 2 points pour les autres questions.

Test 3

Expliquer la situation. Le site « Compagnons de voyage » est un site semblable au site « Partagez vos envies » qu'on a étudié dans le livre et il est spécialisé dans les voyages. Les étudiants doivent donc se présenter dans cette perspective.

→ Compter 5 points pour la richesse de l'information (l'âge, les habitudes, le caractère, les voyages antérieurs), 3 points pour la compréhensibilité du message et 2 points pour la morphologie et la syntaxe.

Test 4

Présenter la situation. Demander 5 éléments de reconnaissance (aspect physique, vêtements, objet que l'on porte).

→ Compter 7 points pour la pertinence des informations et 3 points pour la correction de la langue.

Test 5 - Test 6 – Test 7

Corrigé : a. Elle est paresseuse. – b. Il est courageux. – c. Elle est calme (détendue). – d. Elle est généreuse (serviable). – e. Il est amusant (joyeux, gai). – f. ... avec Pierre qui est mon meilleur copain. – g. ... sur un chemin qui fait le tour du mont Blanc. – h. ... des Italiens qui étaient très sympas. – i. ... C'est un excellent restaurant. – j. Il est accueillant.

LEÇON 13

Test 1

Arrêter l'enregistrement à chaque étape de la vie de Marie.

🌐 14 Transcription

Pierre : Donc, tu as passé toute ta jeunesse dans ce quartier ?

Marie : Oui... À deux ans, je suis entrée à l'école maternelle de la rue Blomet. Je suis restée quatre ans dans cette école. ... À six ans, en 1986, je suis allée à l'école primaire qui est à côté. J'ai passé cinq ans dans cette école. ... À onze ans, je suis allée au collège. J'ai fait toutes les classes avec le même professeur de sciences. La 6e, la 5e, la 4e, la 3e. C'est lui qui m'a donné le goût des sciences. ... Après, à l'âge de quinze ans, je suis allée au lycée Buffon. En section scientifique, bien sûr. J'ai passé le baccalauréat en 1998, à dix-huit ans. ... Après je suis entrée à l'université, à Paris VI, c'est une faculté des sciences importante. J'ai fait ma licence en trois ans. ... Puis en 2002 et en 2003, j'ai fait un mastère d'écologie ... J'ai fini mon doctorat en 2006.

→ Compter 1 point pour chaque période scolaire ou type d'établissement scolaire reconnus et 5 points pour les durées correctement notées.

Test 2

Type d'activité déjà pratiqué.

Corrigé : a : V – b : V – c : V – d : V – e : F – f : V – g : V – h : V – i : V – j : F

→ Compter 1 point par réponse correcte.

Test 3

Présenter la situation. Demander au moins 5 éléments de comparaison (différence ou ressemblance entre les villes, les quartiers, les pays). Comparer.

→ On notera la pertinence des informations et l'utilisation des termes de comparaison (Cette ville est plus grande, il y a moins de monde, il y a la même ambiance). Compter 2 points par élément de comparaison.

Test 4

Aider les étudiants à comprendre la consigne. Demander au moins une phrase par élément comparé.

→ Évaluer l'utilisation de l'imparfait et du présent pour la comparaison passé-présent et l'emploi des formes comparatives. Noter 2,5 points par élément comparé.

Test 5

Corrigé : L'été prochain, nous *irons* ... Nous *visiterons* ... Je *verrai* ... Nous *louerons* ... Tu *parleras* ...

→ Compter 1 point par forme correcte.

Test 6

Corrigé : Anna a eu moins de jours d'absence que Benjamin. Clara a eu autant de jours d'absence ... Benjamin est aussi bon qu'elle ... Clara est un peu moins bonne ... En anglais, c'est Anna qui est la meilleure ... C'est Benjamin qui est le moins bon ...

→ Compter 1 point par réponse correcte.

LEÇON 14

Test 1

Faire l'écoute en deux temps. S'arrêter avant la deuxième partie. Écouter deux ou trois fois chaque partie.

🌐 15 Transcription

Flore : Qu'est-ce que tu fais comme boulot ?

Louis : Je suis ingénieur des travaux publics. En ce moment, je m'occupe du projet de TGV entre la France et l'Espagne.

Flore : C'est intéressant ?

Louis : Oui. C'est très varié. Et puis, c'est bien payé. Mais il y a aussi des côtés moins intéressants.